LES CAVSES
PRINCIPALES DV
SVRHAVSSEMENT DES

Monnoyes de France, & la maniere d'y remedier, à la conseruation
des finances du Roy & du Royaume.

PRESENTE' A LA ROYNE
par N. D. C.

A PARIS,
Chez la veufue Nicolas Roffet, sur le
pont S. Michel, à la Rose blanche.

M. DC XII.

Auec Priuilege du Roy.

A LA ROYNE.

MADAME,
Ayant voſtre Majeſté continué l'ordre encommencé par le Roy HENRY
LE GRAND voſtre tres-cher eſpoux,
en la conſeruation de la paix & vnion
de vos ſubiects, & reprins les erres de reformer les abus qui ſe commettent par les
Billonneurs au tranſport des fruicts de
la France, qu'ils payent en mõnoye eſtrã-
gere, foible, defectueuſe, & pleine de cuyure: i'ay creu qu'il eſtoit à propos mettre
en lumiere le ſeul & vnique moyen de
pouruoir à ces deſordres pour empeſcher

A ij

à iamais les faux mōnoyeurs , Rōgneurs,
& toute sorte de surhauſſement d'vne eſpece à autre que la malice des hōmes a in-
troduit; ioinct que les moyens qui empeſchent les crimes ſont à preferer aux loix
qui les puniſſent. Supliant humblement
voſtre Majeſté de vouloir auoir agreable ce peu de labeur qui eſt en faueur du
prochain & de toute la patrie, m'aſſeu-
rant que s'il vous eſt vne fois agreable, il
le ſera à tout voſtre peuple, en augmentation des finãces de ſa Majeſté, & des biẽs
de tous vos ſujets, lequel i'ay oſé preſenter
à voſtre Majeſté, pour teſmoignage de
l'affection que i'ay de vous rendre à iamais treshumble ſeruice, & à ma patrie.
Priant Dieu,

MADAME,

Qu'il vous tienne en ſa grace, donne longue &
heureuſe vie. Par

Voſtre tres-humble , tresaffectionné'
& à iamais fidele ſubiect, N.D.C.

LES CAVSES PRINCI-
pales du surhaussement des monnoyes
de Fräce & la maniere d'y remedier,
à la conseruation des finances du Roy
& du Royaume, sont

L'Introduction des especes estrangeres.

La toleräce d'exposer les monnoyes du Royaume, legeres & rongnées.

N'auoir eualué l'or selon sa böté.

Que les especes de monnoye d'argent & billon du Royaume, qui chägent l'escu, ne payent & vallent la matiere d'iceluy.

Auoir diminué le tiltre des douzains & monnoye de billon , la fabriquation duquel apporte continuellement furhauffement des efpeces d'or & d'argent de haute loy.

N'y ayant rien plus certain que la permiffion ou tolerance d'expofer les monnoyes eftrangeres caufe le furhauffement de celles du Royaume, il n'eft neceffaire faire demonftration de leur peu de valeur:

Ny auffi des efpeces du Royaume legeres & rongnees , pour n'auoir les rogneurs aucun terme ny ordre limité.

Suffira reprefenter la valeur des Monnoyes d'iceluy , & comment par l'inegalité de leur fin, l'argent ne paye point la matiere de l'efcu fol, ny le billon la monnoye d'or & d'argent, ainfi qu'il eft neceffaire.

Valeur des matieres du fin employé dans chacune espece des Monnoyes d'or, argent, & billon de France, à raison de soixãte cinq sols l'escu, suiuant l'Ordonnance de l'annee six cens & deux.

Le fin de l'escu sol, droict de poids & loy, vaut   lxiii. s. vii. d.

Le fin de quatre quarts d'escu du poids de sept deniers treize grains tresbuchant, droicts de loy, & vn sol, vaut   lxii. s. iiii d.

Le fin de trois pieces de xxi. s. iiii d. droicts de poids & loy, & vn sol, vault   lxi. s. iii. d.

Le fin de quatre testons, droicts de poids & loy, & trois sols, vaut lxii. s. i. d.

Le fin de soixante cinq sols droicts de poids & loy, vault   lix. s. vii. d.

Diuersité de valeur des mesmes especes,
à cause des remedes de poids & loy.

Le fin de l'escu sol dans les remedes
de poids & loy vault   lxii. s. v. d.
Le fin de quatre quarts d'escu dans
les remedes de poids & loy, & vn sol,
vault   lx. s. x. d.
Le fin de trois pieces de xxi. s. iiii. d.
dans les remedes de poids & loy, &
vn sol, vaut   lx. s. ii. d.
Le fin de quatre testons dans les remedes de poids & loy, & trois sols,
vault   lxi. s.
Le fin de lxv. sols dans les remedes de
poids & loy vault   liiii s. ii. d.

Ces demonstrations font reco-
gnoistre la matiere de l'escu estre
plus precieuse que les especes d'argent & billõ qui le changent, la non-
ualeur & diuersité desquelles a causé
le triage & transport des fortes Mõ-
noyes

noyes hors le Royaume, & que pour
les côseruer il les a conuenu surhausser; pour à quoy remedier, il seroit
bon alloyer & tailler les Monnoyes
d'or & argent en telle sorte, que l'espece d'or ne soit plus precieuse que
son change en argent, ny l'argent
moindre en valeur que la piece d'or,
ny l'espece d'or & d'argent plus precieuse que leur change en espece de
billon.

Les remedes pour y pouruoir, & em-
pescher le transport & surhausse-
ment des Monnoyes du Royaume,
sont.

N'admettre pour quelque subiect
ou occasion que ce soit, le cours &
exposition d'aucune espece de Monnoye estrangere, ny celles du Royaume legeres ou rongnees.

Faire battre la Monnoye d'or & argent au moulin, ainsi que l'on faict les doubles & deniers de cuiure, pour empescher à iamais les Faux-monnoyeurs & Rongneurs, estant impossible de faire monnoye d'or ou d'argét fausse, au moulin, que l'on ne la recognoisse au volume, & ne se peut rongner sans que l'expositeur n'en soit aussi tost aperceu.

Continuer le prix du marc d'argét de onze deniers douze grains de fin, à vingt liures cinq sols quatre deniers.

Et augmenter le marc d'or de vingt quatre karats, qui n'est eualué par l'Ordonnáce de 1602. que deux cens quaráté liures dix sols, de la somme de onze liures dix sols, & le mettre à deux cens cinquáte deux liures, prix approchant la proportion douziesme à l'argent, bien qu'il seroit en-

cores meilleur y obseruer la proportion douziesme, & trauailler au fin.

Fabriquer Monnoye d'or de loy à
vingt-deux karats au remede d'vn
huictiesme de karat, à la taille de soixante pieces au marc, au remede de
deux felins, la piece du poids de trois
deniers quatre grains & demy trebu-
chant, qui aura cours pour quatre liures, & en faire demies qui auront
cours pour quarante sols, des quarts
de vingt sols, mesmes des doubles de
huict liures en pareille proportió de
poids.

Que si les nombres de vingt sols,
quarante sols, quatre liures & huict
liures ne sont aggreables, s'en pour-
rót fabriquer de trois liures, six liures,
douze liures, & de trente sols.

Le fin de laquelle espece d'or de
quatre liures, vaudra trois liures dixsept sols.

Et mónoye d'argent de loy à douze deniers, au remede de vn grain fin
pour marc , à la taille de vingt pieces
vn huitiesme de piece , au remede de
vn dixiesme de piece , la piece du
poids de neuf deniers douze grains
trebuchāt, qui aura cours pour vingt
sols : & s'en pourront fabriquer de
dix sols, cinq sols, & deux sols six deniers piece: & n'admettre pour quelque pretexte que ce soit l'introduction des gros de billon de trois sols
quatre deniers , & leurs diminutions
de vingt deniers, & dix deniers; sinon
que l'on vueille introduire vn nouueau desordre & semblable à celuy
des pignatelles & douzains, & donner son bien aux Estrangers.

Le fin de quatre desquelles pieces
d'argent vaudra trois liures dixsept
sols.

Par telle taille, prix, aleage &traitte,

n'y aura lieu de ſurhauſſer l'vne par
l'autre de ces eſpeces.

Et la matiere de l'eſcu ſol du poids
porté par les Ordonnances, vaudra
ſoixáte ſix ſols ſept deniers, & pourra
eſtre expoſé pour ſoixáte dix ſols, ſans
que les Billonneurs le puiſſent ſurhauſſer, ny les Eſtrangers tranſporter
pour le faire fondre. Et ce qui eſt de
defaut aux eſpeces d'argér qui changent l'eſcu, eſt ſuppleé par l'augmentation du prix du fin de l'or : & ne
pourra la Monnoye d'argér de Fráce
cy deuant fabriquee eſtre ſurhauſſee,
billonnee, fonduë, ny tráſportee, non
plus que la nouuelle. Et quatre quarts
deſcu de leur poids, auec le ſuppleé-
ment des meſmes eſpeces d'argent
de France iuſques à ſoixante dix ſols,
vaudront en leur fin le prix de l'eſcu
d'or, tellement qu'il n'y aura lieu de
billonner les eſpeces cy deuant fabri-

quees les vnes par les autres.

Et continuant telle fabriquation d'or & argent, n'admettant les Monnoyes estrageres, ny aucuns gros ou monnoye de billon, l'on reuiendra à la forte Monnoye, & infensiblement se perdra l'vsage du billon par vn accroissement des richesses de la France, attirant par ses fruicts & manufactures l'or & argent estranger de tous les lieux du monde, où l'abondance des fruicts du Royaume sont necessaires; & ne se pourront surhausser les especes d'or & argent sans perte de celuy qui les surhausseroit, daurant que la monnoye du Royaume que le billonneur laisseroit, seroit meilleure en sa matiere que celle qu'il emporteroit, foit d'or ou argent, contre les maximes & regles de change.

Et où l'Estranger par voyes indirectes voudroit transporter l'or ou

argent, n'admettant la Monnoye
estrangere, remplira la France de
marchandises necessaires & à vil prix,
ou apportera matieres propres à la
Monnoye, ou bien rapportera les
Monnoyes de France qu'il auroit
transportees, ne pouuans les voisins
du Royaume viure sans le negoce
des bleds, vins & fruicts d'iceluy.

Et seront ces especes de monnoye
d'or & argent aussi aysees à battre au
moulin comme au marteau, neantmoins au moulin moins subiettes au
rongnement : Et ne sera à craindre
qu'il ne se trouue ouutiers & monoy-
ers pour façonner tels ouurages, soit
d'or ou argent: ce qui ne sera pas ainsi
en la taille proposee par quelque particulier, du pied de monnoye d'argét
de loy à onze deniers de fin, la piece
du poids de dix deniers cinq grains
dixneuf vingtcinquiémes de grain,

qui auroit cours pour vingt fols,
& dont il entreroit au marc dixhuict deniers trois quarts de denier, sinon qu'il plaise au Roy quitter
entierement son droict domanial &
seigneurial, & à Nosseigneurs de
son Conseil trouuer fonds pour payer
les droicts de braslage des Ouuriers,
Monnoyers, & Tailleur, qui fournit
les piles & trousseaux, & les fraiz des
maistres & fermiers qui assemblent
les matieres d'or & argent, les alloyẽt
& fondent pour les rendre du tiltre
qu'il conuiẽt qu'elles soiẽt pour estre
employées & cõuerties en monnoye
aux coings & armes de sa Majesté.

L'or & argent monnoyé ne sont
point marchandise, & doiuent seruir
cõme vn mur moitoyé, qui tant plus
il est droict, plus long temps le basti-
ment se conserue, & comme il vient
à se cambrer, & est moins droict en
vne

vne part qu'en l'autre, auſſi toſt le
baſtiment menace ſa ruine, & le faut
eſtayer, & en fin abbatre: Ainſi en ces
deux metaux ſi l'equilibre n'eſt bien
obſeruee au poids & en la loy, l'vn
d'iceux eſt tranſporté hors de la pro-
uince, ou bien pour le conſeruer luy
faut hauſſer ſon prix.

La diminution du fin & augmentation de la taille des douzains fabri-
quez du regne de Henry troiſieſme,
a fait tranſporter & fondre tous les
douzains faicts du regne de François
premier, Henry ſecond, & Charles
neufieſme : & ſe peut dire que ſi les
billonneurs n'euſſent eſté trop auari-
cieux, ils auroient trop de ſubiect d'en-
tretenir leur billonnemét ſur le nouueau reglement des monnoyes d'Eſpagne, d'où ils tiroient vn dixieſme
de profit, apportant l'argent d'Eſpagne en France, ſans luy ſurhauſſer ſon

prix au preiudice des Edicts & Ordonnances du Roy: duquel billonnement d'argent non contens, l'ont
voulu accompagner des especes d'or,
tant d'Espagne que d'autres lieux,
Principautez & Seigneuries, sous pretexte de la tolerance donnée d'exposer quelques especes estrangeres; lesquelles especes d'or & d'argent ils ont
tellement surhaussées en vn mesme
temps, qu'ils causeront l'vsage du
prouerbe, *Que des mauuaises mœurs
s'engendrent les bons reglemẽs & polices*;
& que le desordre & confusion qu'ils
ont apporté au surhaussement desdi-
tes especes, engendrera vn bon reglement: & ne pourront à l'aduenir
billoner l'vne par l'autre de ces monnoyes, ny toutes les deux, conioincte-
ment ny separément: sinon que l'on
continuë & donne liberté d'exposer
toute sorte de monnoye estrangere
d'or & d'argent.

*Obiections contre cet aduis & regle-
ment des Monnoyes.*

Obiection premiere.

QVe pendant la minorité du Roy il n'eschet remuer aucune chose au faict des monnoyes.

Seconde obiection.

Que à trauailler au moulin il y a plus de cizaille, & ne se faict si grande quantité d'ouurage que au marteau.

Obiection troisiesme.

Qu'il est necessaire au fair des Mó-noyes se regler selon les Princes voi-sins, les Rois d'Espagne, d'Angleter-re, Ducs & Estats de Fládres, & Princes d'Italie, ayant le Roy d'Espagne haus-sé le prix du marc d'or d'vn dixiéme.

Obiection quatriesme.

Que reiglant les Monnoyes, & dé-criant les especes estrangeres, le peu-ple receura grande perte, & ceux qui ont quantité de doublons.

Obiection cinquiefme.

Que par l'interdiction du cours des Monnoyes eftrangeres, doublons, & reales, le commerce des marchands françois negotiás en Efpagne bleds, toiles oionnes, & cordages, & en Angleterre & Flandres les vins, fera trouble; faifans plus d'eftat du profit qu'ils tirent fur les Monnoyes que fur les marchandifes.

Obiection fixiefme.

Qu'il n'eft raifonnable eualuer l'or en proportion douziefme à l'argét, & que telle proportion n'eft par nature.

Septiefme obiection.

Que la proportion peut eftre douziéme en la matiere, mais elle ne le doit eftre en l'œuure.

Huictiefme & derniere obiection.

Qu'vn nouueau Reglemét aux mónoyes fera de difficile execution.

Responce à la premiere obiection.

Pour la minorité du Roy il y a plus de lieu de reformer les monnoyes, d'autât que sa Majesté majeur aduerti du larcin faict par les Estrangers du bien de ses suiects, & diminution de son Domaine & Finances, en la tolerance de l'exposition de leurs Monnoyes iugees par le Roy Henry le Grand só pere ne deuoir auoir cours, arguëra ses Officiers de negligence; aussi qu'il est bon de bié faire en tout temps : & ainsi en a esté vsé du regne de Charles neufiesme.

Responce à la seconde Obiection.

L'vsage du moulin apporte l'vniformité & ressemblance de toutes les monnoyes, empesche le desadueu des maistres & fermiers, bannit à iamais les faux monnoyeurs & rongneurs : Pourquoy l'Empereur, le Roy d'Espagne, les Ducs de Florence, &rc re-

centement le Duc de Neuers: mesmes
aussi au Royaume de Nauarre se frape
la monnoye au moulin, & chacune
presse peut faire cét marcs d'ouurage
en vn iour: & s'il y a plus de cizaille, le
maistre la trouue mieux qu'au marteau où il ne s'en faict gueres moins.
Et y a peu de lieux où l'on frappe les
doubles & deniers de cuiure au moulin, qu'il n'y ait cinq ou six presses; en
laquelle conduitte des moulins &
façons à donner à tels ouurages, il
eust esté & seroit bon y dresser les
Ouuriers & Monnoyers de France,
qui sont en grand nombre par tout le
Royaume, enfans legitimes de la
maison, plustost que d'y admettre des
estrangers, iusques à des Morisques,
personnes de peu, comme il se prati-
que encores à present en la conduitte
du moulin de Bordeaux : les droicts
du Roy en seroient plus asseurez, les

ouurages de leur qualité & poids, dõt
lefdits Ouuriers & monnoyers feroiét
refponfables en leurs perfonnes &
biés, & fur les difficultez de l'emboeté
reprefenteroient leurs bleues & regiftres. Et pour n'auoir efté cet ordre
obferué en la fabriquation des doubles de Lion, où il s'y eft faict vn mer-
ueilleux foiblage, ne fe peuuent re-
couurer les Ouuriers qui y ont tra-
uaillé, pour cognoiftre la quantité
qui y a efté ouuree & monnoyee.

Refponce à la troifiefme Obiection.

La France abondante en fruicts,
fans lefquels fes voifins ne peuuent
viure, tenant la place du vendeur, doit
mettre le prix à ce qu'elle debite &
vend, & à ce qui luy eft baillé pour
prix. Et ne doit l'argent & or en monnoye eftrangere, auoir cours en vn
Eftat riche & bien policé, que comme
matiere felon le prix qui luy eft dóné

par le Prince. Et est assez d'estimer
vn denier d'or douze d'argent, & l'e-
stimer d'auantage est vne richesse de
cuyure & imaginaire. Et si l'augmentation des nombres de liures est vn
enrichissement du Royaume, il seroit
aussi vtile & à propos, à present que
le marc d'or vaut deux cens quarante
liures dix sols, doubler le prix de l'or,
que d'attendre d'autre saison, & plus
grande confusion que la permission
d'exposer les monnoyes estrangeres
apportera, & vn plus grand encheris-
sement de viures & de toute sorte de
marchandises ayans telles permissiõs
reduict la valeur du douzain moder-
ne au prix des liards anciens, le sol
desquels vaudroit quatre des nou-
ueaux : en quoy le Roy, les Seigneurs
terriens reçoiuent grand dommage,
& tout le Royaume, & seroit plus
grand en l'augmentation de l'escu à
quatre

quatre liures : & auctoriſer le larcin
des Billonneurs, leſquels rempliroiẽt
la France de peu d'or, pour lequel ils
tireroient pour vn marc d'or pres de
quinze marcs d'argent : & deceuant
le peuple en l'augmentation des nõ-
bres, comme ils font en l'expoſition
de toute eſpece d'or de vingtdeux
karats, au pair de celles qui ſont à
vingt trois karats trois quarts, ils em-
porteront hors le Royaume pres de
dixhuict marcs d'argent pour vn
marc d'or. Et bien que la brieueté
me ſoit en recommandation, neantmoins i'ay creu qu'il eſtoit à propos
repreſenter le dire de Mᵉ Nicolas de
Clamengijs de Catelógne au traicté
qu'il a faict, *De lapſu & reparatione
Iuſtitiæ*, parlant des billonneurs &
ſurhauſſeurs du prix des monnoyes,
que de l'introduction des nouuelles
monnoyes de billon. *An non vides*

postquam remissæ sunt plebi angariæ
vectigalium quàm capitale confestim
regni Dulnus rursus de numismate cogi-
tauerunt, quo nihil vtique perniciosius,
aut infælicis patriæ magis exterminati-
uum inueniri poterat. quo in lucu quàm
late piscati sint huius doli fabricatores,
nec mente satis concipi potest, nec lingua
exprimit. Habent illi iam propemodum
totam in argento & auro regni substan-
tiam, & pro his indigna commutatione
infinitam æris & cupri monetam cude-
runt. Principes autem etsi fructum ex
hac præda capiunt, vilis tamen ille est, &
charè nimis illis constat: vtpote per quem
reditum suorum ordinariorum plus
quàm dimidium perdunt: immo iam
vix tertiam partem recipiunt, nec soli illi
sed vniuersi cuiuscunque ordinis, qui ex
annuis prouentibus viuere consueuerunt.
Attende autè quàm detestabilis, quamq;
intolerabilis sit exactio ista, per quam

*& Principes ipsi, & tota nobilitas, &
singuli hominum status ... ditioni in pe-
cunia soluendarum ... partes amittunt.*
Messieurs des monnoyes ont tousiours empesché telles alterations, &
qu'il ne se fabrique monnoye de
billon, & font continuellement leurs
tres-humbles remonstrances pour
interdire le cours des especes estrangeres, desquelles especes estrangeres
& renouuellement de billon, si l'vsage en est remis, aduiendra selon le
dire de ce Docteur, que, *Fisci tandem
prouentus ad fundum vsque exhausti ad
nihilum venient: atque ita necessario it
totam politiam fame, penuria, & ege-
state iam miserabiliter laborantem, su-
blatis etiam reditibus, qui sunt nerui
Reipubl. intra pauci lapsum temporis
irreparabiliter interire.* La perte de
Cambray iustifie assez ce dommage:
& côtinuant cet Autheur à ses iustes

plaintes du desordre des monnoyes
qui estoit de son temps, escriuant à
Philippes Duc de Bourgongne :
Ab antiquis politiarum rectoribus in-
uentum esse constat vsum numismatis,
vt conueniens esset medium Iustitiæ com-
mutatæ, pretiumq; rerum venalium.
Debet itaque quod pretium est ex pre-
tioso aliquo côfici metallo, altoquin quo-
modo pretium, si nihil in se continet
pretiosum? l'adiousterois le plaidoyé
de Messieurs les Gens du Roy faict
en la Cour de Parlement le 7. de Fe-
urier 1508. contre la permission d'exposer les monnoyes estrangeres, d'A-
uignon & Carpentras (lequel pour sa
iustice est enregistré aux Registres
de la Cour des monnoyes) n'estoit
que l'on pourroit s'ennuyer d'vn si
long discours.

Responce à la quatriéme obiection.
Proposer qu'au decry des pistolets,

ｃales, Iacobus, & toute autre monnoye eſtrágere, le peuple receura perte, n'eſt nullement conſiderable ; n'y
ayant rien plus certain que le peuple
du plat-pays n'a or ny argent monnoyé ny à monnoyer, ny bleds ny
vins à vendre, & que le marchand a
preueu par le ſurhauſſement de ſa
marchandiſe telle perte, & ſçait la
maniere pendant le deſordre des
monnoyes de billonner les quarts
d'eſcu, pieces de vingt & vn ſols quatre deniers, & teſtons de poids, pour
la liberté donnee à l'expoſition des
eſpeces eſtrangeres, qu'il mandie
de toutes parts, & debite parmy
le peuple pour vn cinquiéme plus
que leur iuſte valeur. Quant à ceux
qui theſauriſent en leurs coffres, il
eſt raiſonnable qu'ils en reçoiuent
perte, pour auoir tiré l'aduantage du
ſurhauſſement ſelon les occaſions.

pour laquelle perte en ce reglement
ils tireröt profit au quadruple par la
véte de leurs bleds & fruicts annuels:
& au lieu de cinq escus que l'on paye
à present pour dix huict liures, ils en
auront aptes la reformatió des monnoyes annuellemen fix. Et hauffer
le prix de l'or autrement qu'en proportion douziéme, ou quafi appro-
chante, est l'augmétation des richeffes de l'Espagnol, & diminution de
celles de France, à l'aduantage des
Allemands, Flamands, Anglois, &
Italiens, voifins qui ne fçauroient
viure fans le negoce des bleds, vins,
& fruicts du Royaume.

Response à la cinquiefme obiection.
Honteuse obiection! que le temps
par la force de la verité faict à present
cognoistre la racine & commence-
mét du defordre des monnoyes qui
a esté, est, & continuera iufques à l'v-

sage du remede, prouient de ceste
source, contre tout ordre de police
& bon reglement. Il est bon de sou-
haitter heureux voyage au marchád
negotiant par mer ou par terre auec
les estrangers, mesmes de prier Dieu
pour sa prosperité; mais auctoriser
& approuuer sa garantie, où il feroit
naufrage, par moyens illicites du surhaussement des monnoyes, & transs-
porter les bonnes & fortes de sa patrie, pour les faire conuertir en espe-
tes plus foibles, & les rapporter &
exposer à plus haut prix que celuy
qui leur est donné par son Prince,
n'est nullement considerable:&sem-
blable negoce doit estre deffendu, &
les marcháds chastiez de peine cor-
porelle. Ce desordre est tel à present
en la France, que nul ne sçait quelle
est la valeur de son bien. Et ne peut
telle obiection prouenir que de la

bouché des billonneurs, que les vieilles loix des monnoyes appellēt, *vilains & malicieux merchands.* La malice desquels est si notoire en ce siecle, que le Turc, le Polonois, le Hongre, les subiects de l'Empire, ny le Venitien n'acheptent que peu ou poiņt de marchandises dans le Roy-aume, neantmoins il ne se reçoit à present autre payement que des se-quins & ducats que les billonneurs, regnicoles ou estrangers font entrer dans le Royaume dans des boules de cire, & autres dans des rames de papier; autres des Iacobus dans des tonneaux de biere d'Angleterre: les meilleurs desquels ducats ou sequins n'ont de bonté en leur fin que vingt & trois karats & demy, la piece du poids de deux deniers dixsept grains, & ne valent que trois liures six sols neuf deniers tournois, & s'exposent

pour

pour quatre liures , qui eſt trezé
ſols trois deniers pour piece plus que
leur bonté : leſquels ſequins & ducats commencent à auoir cours du
poids de l'eſcu, tellement qu'ayans
cours du poids de deux deniers quatorze grains, le fin n'en vaut que trois
liures trois ſols ſept deniers : la plus
part deſquelles eſpeces ne ſont de ſi
haute loy, & ſ'en trouue à vingt &
deux karats, & la pluſpartt faux &
contrefaicts, deſquels le fin (eſtant la
piece du poids de deux den. dixſept
grains) ne vaut que trois liures deux
ſols ſix deniers. Et admettre telles
eſpeces, c'eſt auctoriſer les faux-monnoyeurs, y ayant de profit ſur chacune piece dixſept ſols ſix deniers :
tellement que le cours du ducat
du poids de deux deniers quatorze
grains, meſmes au deſſus, conuie
les faux monnoyeurs à exercer leur

art, y ayant de profit à trauailler à
vingt & deux karats, fur chacun marc
d'œuure foixante treze liures.

Il s'eft peu verifier dans Paris, où
telle efpece d'or a plus de cours, qu'en
toute autre ville du Royaume, qu'vne
lettre de change n'a efté acceptee
qu'à condition qu'elle fe payeroit en
cefte monnoye de ducats, recognoif-
fant le Banquier qu'il luy eft plus
aduantageux de payer les lettres de
change en cefte efpece que d'en
acheter marchandife, où il feroit
contrainct en offrant le payement
en telle monnoye de fur-acheter,
fçachant toufiours le marchand fe
mettre à couuert & furhauffer le prix
de fes denrees, où il void le defordre
des payemens, & autre efpece de
monnoye auoir cours que celle de
fon Prince, qui en eft garand & cau-
tion enuers fon peuple. Et ayant vn

Receueur ou Comptable accez auec
vn de ces marchands billonneurs ou
banquiers, auant peu d'annees il ne se
verra aucune monoye d'or & argent
aux coings & armes de France.

L'Allemagne, de laquelle les forces
&le fer ne se remuënt que par le bon
Or ou Argent de Fráce, pour peu de
marchandises qu'ils viennēt acheter
en ce Royaume, par la malicieuse in-
dustrie des marchands billonneurs
remplit la Champagne & Picardie de
dalles qui ont cours pour trente sols
piece, & n'ont de bonté que vingt
quatre sols, qui est vn cinquiesme de
larcin qui se fait sur le peuple, n'estát
ceste espece d'argent, mais de billon.

La Normandie & Bretagne riches
Prouinces, ne sont exemptes de tels
desordres & billonnemens, mais y
semblent naistre pour la frequenta-
tion du negoce d'Espagne, où ils

reçoiuent la reale pour vingt fols, &
l'expofent pour vingt & trois fols,
qui eft vn larcin manifefte, & au mé-
pris des Ordonnances du Roy ; qui
pour induire les marchands à apporter les monnoyes d'argét d'Efpagne
en fon Royaume, en auoit accreu le
prix d'vn feiziéme. Et procedant au
chaftiment de tels billonneurs, ils
trouuent dans la France des prote-
cteurs côtre l'authorité du Magiftrat:
mal dangereux, & qui prepare vn
nouueau & plus grand billonnemét
à caufe de la fraction des comptes de
la reale qui a cours pour vingt & trois
fols, laquelle apres la recolte des
bleds, chanures, lin, & vins de la pre-
fente annee, s'il n'y eft promptement
pourueu, infailliblement le billonneur (comme eftant la faifon de fon
Aouft fur le pauure peuple) expofera
pour vingt & quatre fols : Et ainfi le

François donnera vn quart d'eſcu &
demy qui valent vingt & quatre ſols,
& poiſent onze deniers ſix grains,
pour dix deniers ſeize grains, qui eſt
le poids de la reale : pour leſquels
quarts d'eſcu conſeruer, de neceſſité
il les conuiendra ſurhauſſer de prix
comme il comméce à ſe practiquer à
Marſeille; autrement ils peuuét eſtre
tranſportés en Auignon, Angleterre,
Flandres & autres lieux où l'on tra-
uaille de moindre loy qu'en France,
meſmes portés en Eſpagne & côuer-
tis en reales , par l'aduantage qu'en
fera le marchand billonneur, que les
autheurs de l'augmentation du prix
de l'or & argent, & ceux qui s'oppoſent au reglement des monnoyes
veulent mettre à couuert pour rui-
ner les finances du Roy, & (s'ils peuuent) affamer le Royaume : vray eſt
que Meſſieurs des Cours des Aydes

y veillent continuellement & re-
tranchent ou empeſchent les traittes
quand ils recognoiſſent qu'il en eſt
de beſoin, & nonobſtát l'auaricieuſe
conuoitiſe du marchand billonneur
qui ne regarde que le temps preſent
de ſon lucre.

A tel deſordre & larcin n'y a que ce
ſeul remede, *N'admettre pour quelque
ſubiet ou occaſion que ce ſoit, le cours &
expoſition d'aucune eſpece de monnoye
eſtrangere, ny celle du Royaume legere
ou rongnee.*

Que ſi l'on propoſe qu'il ſera ennuyeux de peſer, & de trop grande
peine, chacun Receueur general a ſes
Receueurs particuliers, les particuliers leurs Collecteurs, les Collecteurs reçoiuent des particuliers, &
ſe peut vne grande ſomme peſer par
marcs: Et n'y a ſi grande peine, ſinon
qu'il ſemble à ceux qui s'y oppoſent

qu'ils y ayent quelque interest particulier: & qu'vn bon reglement les
priuera du profit qu'ils en espere-
roient: & neanmoins s'ils voyent
vne espingle dans la fange, ils pren-
dront bien la peine de la louer de
terre pour leur commodité. Que si
cela qui est si vtile leur est ennuyeux,
l'introduction & vsage du moulin
les garantira, & sans beaucoup se trauailler ils cognoistront l'espece rongnee de celle qui ne le sera pas. Et si
l'on procede autrement, admettant
les especes du Royaume legeres, celles qui sont entieres se rongneront:
& descriant aucunes especes d'or &
argent estrangeres & auctorisant les
autres ; c'est vouloir croupir en son
mal, estre prodigue de son bien, &
faire croire ce que l'estranger dit sou-
uent du bon François, en le deceuant
& trópant, *Que l'abondance & fertilité*

du Royaume de France caufent que le
François n'eſt capable de bon aduis &
conſeil. Et oſter l'vſage des poids,
nombres & meſures, eſt auoir agreable d'entrer en vn chaos de deſordre
& de toute confuſion en vn Eſtat.

Reſponce à la ſixieſme obiection.

Il n'y a proportion douziéme de
l'or à l'argent par nature, mais par le
droiĉt des gens & du commun conſentement de tous peuples la proportion douziéme a eſté gardee:
Et du temps de Platon elle eſtoit
telle. Et aucuns tiennent que le
Conſul Romain du temps de l'impoſition des Etholiens, impoſa le tribut d'vn d'or pour dix d'argent, pour
augmenter l'impoſitió d'vn ſixiéme.
Georgius Agricola, Budee, du Moulin, & Bodin, ont obſerué que la proportion de l'or à l'argent, eſtoit peu
moins que douziéme, comme l'eualuation

luation portee par cet aduis.

Responce à la septiesme obiection.

La traitte douziesme moderee & proportionnément rabattee sur douze marcs d'argent, n'a point esté autresfois mise en doute; & lors que le marc d'or se tailloit en cinquáte deux pieces, l'on ne payoit au peuple que quaráte huit deniers d'or fin, & ainsi la traicte estoit douziesme; & depuis a esté quinziesme, se taillant le marc d'or fin en soixáte-quatre deniers, & ne s'en payoit au peuple que soixáte. Et du temps que l'argent ne valloit que cinq liures le marc, la taille du marc d'argent estoit de quatre vingts & quatre pieces de trois blancs, & ne s'en payoit au peuple que quatre-vingts, qui estoit vn vingtiesme de traitte, cóme il le iustifie par les vieils regiftres des Monnoyes, & le denier d'or estoit pay é sa iuste valeur d'ar-

gent. Et tãt & si long temps que l'on
a continué cette façon de tailler la
mõnoye, & imposer semblable traitte, il n'y a eu desordre ny surhausse-
mẽt d'vne espece à autre des monnoyes de France, & conuient repren-
dre cet ordre, veu le profit qui en
reuient au general & particulier de
tout le royaume.

Cette forme fut discontinuée en
l'introduction des escus au soleil en-
uiron l'an 1473. & neãtmoins la traitte demeura trentiesme: & en l'annee
1488. la traitte fut remise peu plus
que vingt-septiesme, & celle de ce
pied de monnoye d'or & argẽt n'est
que peu plus d'vn vingt-sixiesme, &
la conuient considerer en la matiere
& en œuure. Et bien que le Roy d'Espagne possede les mines d'or & d'argent, & que ses ouuriers & mõnoyers
soient esclaues, & que les marchands

foiët tenus fournir les matieres d'or
& argent alloyees au tiltre ordonné
par les loix d'Espagne: neantmoins la
traitte du marc d'argent est peu plus
que trente-deuxiesme. Et les termes
de la loy d'Espagne sont, *Mandamos
y ordenamos, que en todos los dichos nue-
stros Reynos vala vn marco de plata, de
ocho onças, y de ley de onze dineros y
quatre granos, sesenta y cinquo reales, o
su valor.* Et plus bas, *De cada marco de
plata se secan 67. reales,* qui sont deux
reales pour la traite du marc d'œuure:
& a duré telle police & traitte peu
plus que trente-deuxiesme en Espagne depuis l'an 1497. Et le plus barba-
re des Escriuains de ce siecle contre
la dignité des Rois, au traicté qu'il a
faict des Monnoyes, parlar de la traitte & droict de Seigneuriage que les
Rois doiuent prendre sur leurs monnoyes, dict: *Non equidem in ea sum sen-*

*tentia, vt Principem statuam suo sum-
ptu debere monetam conflare, at potius
æquum arbitror, vt pro cudendi labore
vniuersóque monetali ministerio adda-
tur valoris aliquid ad metalli æstimatio-
nem; ac ne fore quidem absonum, si in si-
gnum dominij & prærogatiuam, pars a-
liqua exigua lucri Principi ex ea admi-
nistratione accedat.*

En vue si gráde iustice, equité, egalité, & correspondance des matieres en ces deux pieds de monnoye
d'or & argent qui empeschent pour
tousiours le billonnement, duquel la traitte est moindre qu'elle n'e-
stoit en l'argent, toutesfois peu plus
grande en l'or, autrement ne s'y peut
apporter l'egalité en la iustice que
par cet ordre. Et qui s'y voudra op-
poser, considere l'employ & taille du
marc entier & renforcissement de la
piece d'or qui est plus forte de poids

& loy, & mieux taillee que n'ont esté
les escus sol du poids de deux deniers
quinze grains, de soixante & douze
pieces & demie au marc : La piece de
vingt sols à faire sera plus forte en
poids & loy que la taille des pieces
de seize sols du poids de sept deniers
douze grains, à la taille de vingtcinq
pieces vn cinquiesme de piece, au remede d'vn cinquiesme, n'y ayãt que
ce seul moyen pour apporter l'egalité de la valeur des monnoyes fortes
à leur change. Et où il ne s'obseruera
il y aura continuel & perpetuel subiect de triage, surhaussement & tráf-
port de l'espece qui aura plus de fin
& valeur que son change, soit en la
matiere des monnoyes d'argent ou
d'or, à l'aduantage des marchands
billonneurs, regnicoles & estrangers.

Plusieurs singerent de propoſer
pieds de monnoye & donner prix à
l'or & argent, qui ont vn grand aduantage pour ne communiquer au
public le prix & taille : toutesfois
l'vn l'a fait voir, auquel a eſté remon-
ſtré l'impoſſibilité d'ouurer & monnoyer,ſinon aux conditions portees
par la reſponſe. Vn autre ne l'a point
ainſi publié, mais fait voir dés l'an ſix
cens & neuf, lequel deſlors fut iugé dommageable au Roy & au
public, pourquoy n'eſt à propos d'en
parler : les autres tiennent leurs pro-
poſitions ſi ſecrettes qu'il n'y a point
de moyen de les approuuer ny con-
tredire. Et d'autāt que ie ne viſe que
au bien de ma patrie, ſi en quelque
choſe ie me ſuis meſpris, il pourra
eſtre corrigé & amédé par Meſſieurs
des Monnoyes, propoſans vn meilleur prix, pied & taille de monnoye

d'or & argent; à la conseruation des anciennes du Royaume de leur poids, sans sujet de triage & sur-haussement d'vne espece, par l'au-tre qui cause le transport & billon-nemét dedás & dehors le Royaume.

Response à la huictiesme & derniere obiection.

LE bruit des armes n'empesche point à present l'effect des loix par la prudéce & bóheur de leurs Ma-jestez: il ne s'agit que de l'execution d'vn Reglement à faire au faict des monnoyes, iugé de tous les or-dres necessaire à la conseruation des richesses du Royaume, dont le retar-demét a faict cognoistre la necessité, &accroistre vn dómage inestimable; & plus en la ville de Paris, ville capi-tale & le cœur du Royaume, qu'en

tout autre lieu de la France, n'ayans
cours les especes d'or estrangeres ny
celles du Royaume, à vn prix si des-
ordonné comme à Paris, où se font
les loix & polices de l'Estat, & les premiers Magistrats, *qui sura tueantur*. A
Lion & au delà la pistole ne s'expose
que pour vn trete cinquiesme moins
qu'à Paris, & l'escu sol semblablemēt.
Il est bien vray que pour empescher
le transport de l'argent, le prix de l'escu en monnoye est surhaussé d'vn
seiziesme par toute la Prouence, que
l'on ne peut appeller desordre par la
liberté qui est donnee de surhausser
l'or : & coulera ce surhaussement par
toutes les parties du Royaume, s'il n'y
est pourueu selon la deliberatiō proposee par leurs Majestez : la saison y
est propre pour le soulagement du
pauure peuple, & semblables Regle-
mens se font coustumierement faits

apres

apres la vente des fruicts du peuple
du plat pays, n'en ayát de referue que
pour leur nouriture le refte de l'ánee
iufques à la premiere recolte, mais
point d'argent. Or eftans les moyés
qui repriment les crimes plus à fou-
haiter que les loix qui les chaftient, il
feroit bien à propos fe feruir & ayder
du remede duquel les Roys nos pe-
res fe feruoiét pour reprimer les abus
& defordres qui eftoient de leur
temps au faict des mónoyes f il eft
iugé propre par leurs Majeftez. Et où
il arriueroit quelque difficulté (ce
que l'on ne peut efperer en vn regne paifible, & fous l'heureufe me-
moire du bon HENRY LE GRAND)
n'eftant ce qui fe fera, qu'executer ce
que fa Majefté auoit cy deuát ordó-
né & preiugé eftre tresvtile à fon peu
ple, & en augmentation des richeffes
de fon Eftat : Enioindre aux Pre-

uofts , Baillifs , Seneschaux , Gou-
uerneurs , leurs Lieutenans , chacun en leur reſſort de faire publier le
Reglement qui ſera faict, de trois
mois en trois mois en l'auditoire de
leurs Iuſtices, & l'enuoyer aux Curez
des paroiſſes des villes & villages
pour le publier apres l'yſſue du Prof-
ne des Meſſes parochiales, à ce que le
peuple entende la volonté & com-
mandement de ſa Maieſté eſtre de
n'admettre aucune eſpece de monnoye eſtrangere, & ne vouloir qu'autre aye cours en ſes Royaumes, terres,
Principautez & Seigneuries , que
celles de ſa Majeſté , & des Rois ſes
predeceſſeurs, des poids & loy por-
tez par les Ordonnances.

Que ſi pour l'ignorance qui eſt en
ſon pauure peuple ſuruient different
pour la bonté des monnoyes en la
vente des bleds , vins , & autres

marchandises où interuienent courtiers, lefdits courtiers qui conduifent
les achepteurs aux granges, greniers,
celiers, & caues, mefmes qui tiennent
couftumierement la bourfe des marchands, & les logent en leurs mai-
fons, feront garands des payemens
faicts au peuple : & où le vendeur fe
plaindroit luy auoir efté baillé quelque efpece au preiudice des Edicts
& Ordonnances du Roy ; fera en-
ioinct aux Iuges faire bonne, brief-
ue, & fommaire iuftice, auec deffen-
fes aux Receueurs & payeurs particuliers de leurs gages, leur payer le
dernier quartier de chacune annee,
qu'en rapportant par eux les procés
verbaux qu'ils aurót fait faire chacú
en leur reffort, de l'Edict des Monnoyes, & publication d'iceluy aux
profnes des parroiffes, par les Curez
en chacune annee, auec l'extraict des

fentences & condánations côtre les côtreuenans. L'employ defquels gages fait autrement par les Comptables, feront rayez par Meſſieurs des Comptes, fans efperance de reftabliſſement. Cette deffenfe fera vn doux remede fans fraiz & defpenfe pour le pauure peuple : & ne feroit mauuais qu'au departement des Roolles & cómiſſions pour l'aſſiette de la Taille il en fuſt fait métion dás les Mandemens des Eſleuz, pour le foulagement des Collecteurs des Tailles : & aux villes iurees où il y a Gardes des Meſtiers & marchandifes, Receueurs generaux des finances & du Clergé, Receueurs & Côtroolleurs des Tailles; les aſſembler deuãt le Magiſtrat, comme il fe fouloit faire anciennement, & s'eſt encores prattiqué depuis vingtcinq ans; leur remonſtrer le dommage que l'expofi-

tion des pieces estrangeres a apporté
au Royaume, & les lier par serment
de ne receuoir à l'aduenir aucune espece estrangere, mais seulement celles du Royaume, aux coings & armes
de sa Majesté, & des Rois les prede-
cesseurs, & de poids.

Et d'autant que ce n'est le peuple,
la Noblesse, les Ecclesiastiques, ny les
gens de Iustice qui introduisent le
surhaussemét des especes du Royaume, & vont rechercher les monnoyes estrangeres; mais les marchás
billonneurs, lesquels par voyes obliques les vont mádier: Où ils en serót
trouuez saisis, la moitié sera adiugee
au denonciateur & lesdits billóneurs
chastiez corporellement selon les
vieilles loix des monnoyes qui
portent ces termes : *L'or & argét
ne sera transporté ny esloigné de la plus
prochaine monnoye: & qui fera le con-*

traire il perdra l'or, l'argent & billon, &
sera en nostre volonté le corps & l'auoir.

Rarement se sont faits Reglemés
des mónoyes que l'vsage trop commun de la vaisselle d'or & d'argent,
& la vanité des pierreries grandement dommageable, n'ayent esté re-
tranchez, sur lesquelles pierreries l'on
n'y peut iamais esperer que perte, &
par lesquelles les Portugais & autres
qui negotient aux Indes Orientales
& en Turquie s'aidét pour transporter l'or & argent qui entre dans le
Royaume par la vente des bleds,
fruicts, & manufactures d'iceluy, dót
le retranchemét, s'il est trouué à propos par leurs Majestez, ne sera que
tres-vtile, ainsi que de tout temps il
s'est obserué pour la conseruation
des richesses du general & particulier
du Royaume, estant cause d'vn ap-
pauurissement tresgrand à ceux qui

en vſent, & grande perte d'or & argent qui s'employe en paſſements
& clinquans: lequel Reglement ſera
tresaiſé à faire, remettant les fun-
ctions des Affineurs dans les ho-
ſtels des monnoyes, & retranchant
la liberté aux orfeures de faire ouurage d'argent excedât trois marcs,
& d'or excedant deux onces, ſans
permiſſion expreſſe du Roy verifiee
en la Cour des Monnoyes, où il n'y
eſchet aucune deſpenſe, & interdire
aux maiſtres Orfeures vniuerſelle-
ment par tout le Royaume, de prendre Apprentifs d'icy à vingt ans, '&
ne permettre aux Eſtrangers de trauailler que chez les maiſtres, & en
boutique ouuerte, ſans que les com-
pagnós eſtrágers, puiſſent eſperer de
paruenir à la maiſtriſe du meſtier
d'Orfeure au preiudice des Edicts.

Que ſi la reſponſe à ces obiections

ne satisfait & contente ceux qui veulent mettre empeschemét à la refor-
mation des monnoyes, desquelles le
desordre fait emporter annuellemét
vn cinquiesme des biens de la France
pour peu de cuyure au lieu d'or & argent que les marchands y deuroient
laisser: pour satisfaire à ceux qui s'en-
nuyent des termes de karats & deniers de fin, leurs degrez & diminutions; il auroit esté à propos repre-
senter sommairement le fin de chacune espece des mónoyes d'or & argent estranger qui ont cours parmy
le peuple, selon le fin que chacune
piece tient, pour empescher qu'il
ne fust trompé & deceu, comme il
l'est iournellement par les mauuais
moyens & artifices des marchands
billonneurs : mais la despense à faire
en seroit trop grande pour vn pauure particulier, & conuiédroit qu'elle se

le se fist aux despens de leurs Majestez, y ayât des especes d'or de diuer-
ses stampes qui ont cours entre le
peuple, pres de quatre cés, & des especes d'argent plus de six cens de dif-
ferente loy & taille par le desordre
& desreiglement des monnoyes qui
est dans le Royaume: laquelle repre-
sentation soulageroit grandement la
Noblesse & la ieunnesse voyageant
en Espagne, Angleterre, Italie, Allemagne, & autres nations estrangeres
où en vn iour il conuient changer
deux fois de monnoye, pour la diuersité des Principautez & Seigneuries.

La cognoissance du fin de toutes
lesquelles especes estrangeres d'or &
argêt, & leur valeur est commune &
familiere à tous marchands regnicoles ou estrágers, & à tous les báquiers,
ainsi que la diuersité des poids &

H

mesures, ayant chacun en leurs bu-
reaux des Bauoits, Tableaux, Tariffes
& Reductions : lesquels marchands
pour se garantir de perte selon les
lieux où ils vont mâdier & chercher
telles mônoyes foibles & defectueu-
ses, sçauent hausser le prix de leurs
marchandises, & par voyes obliques
les apportét où ils cognoissent estre
la confusion des mônoyes qu'ils exposent premierement entre personnes non entendus en la cognoissance des metaux & monnoye d'or &
argent, à la Noblesse des champs, &
au pauure peuple du plat pays en
payemét des bleds, vins & toiles des
laboureurs & paysans, lesquels pour
leur ignorance estás les premiers de-
ceuz & trompez, & n'ayans dequoy
payer leurs debtes ou la taille, il est
de necessité que pour la toleráce premiere d'en auoir permis & permet-

tre l'entree & expoſition, en fin les
coffres du Roy, ſon Eſpargne & Tre-
ſor en ſoient remplis, & pourra eſtre
que les Commis des Receueurs pre-
ſteront l'eſpaule à tels billonneurs &
courtiers des eſpeces eſtrāgeres pour
participer à ſi iniuſte & deſloyal profit.

FIN.

www.ingramcontent.com/pod-product-compliance
Ingram Content Group UK Ltd.
Pitfield, Milton Keynes, MK11 3LW, UK
UKHW020650120726
13658UKWH00006B/1444